L'ENFANT DEVANT LA LOI

CONFÉRENCE

FAITE A L'ASSOCIATION POLYTECHNIQUE

Section Jean-Lantier (Ier Arrondissement).

PAR

Gustave BERGER

PROFESSEUR A L'ASSOCIATION POLYTECHNIQUE, DÉLÉGUÉ DE LA SECTION,
DÉLÉGUÉ CANTONAL DU XIe,
ANCIEN MEMBRE ET SECRÉTAIRE DE LA XIXe COMMISSION LOCALE DE PARIS,
OFFICIER DE L'INSTRUCTION PUBLIQUE.

PARIS
IMPRIMERIE ET LIBRAIRIE CENTRALES DES CHEMINS DE FER
IMPRIMERIE CHAIX
SOCIÉTÉ ANONYME AU CAPITAL DE SIX MILLIONS
Rue Bergère, 20
1887

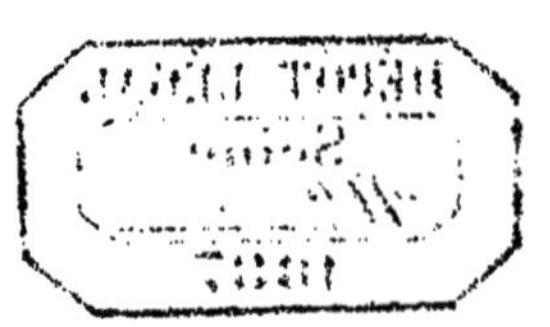

L'ENFANT

DEVANT LA LOI

CONFÉRENCE

FAITE A L'ASSOCIATION POLYTECHNIQUE

Section Jean-Lantier (Ier Arrondissement).

PAR

Gustave BERGER

PROFESSEUR A L'ASSOCIATION POLYTECHNIQUE, DÉLÉGUÉ DE LA SECTION,
DÉLÉGUÉ CANTONAL DU XIe
ANCIEN MEMBRE ET SECRÉTAIRE DE LA XIXe COMMISSION LOCALE DE PARIS,
OFFICIER DE L'INSTRUCTION PUBLIQUE.

PARIS
IMPRIMERIE ET LIBRAIRIE CENTRALES DES CHEMINS DE FER
IMPRIMERIE CHAIX
SOCIÉTÉ ANONYME AU CAPITAL DE SIX MILLIONS
Rue Bergère, 20
1887

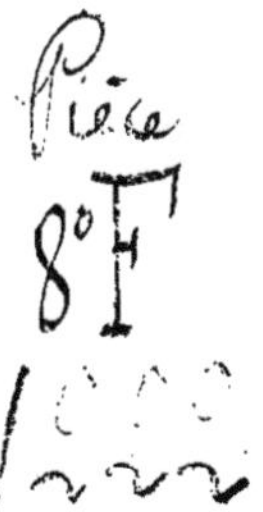

L'ENFANT DEVANT LA LOI

CONFÉRENCE FAITE LE 26 FÉVRIER 1887

MESDAMES ET MESSIEURS,

Le titre de ma conférence : l'Enfant devant la Loi, soulève l'une des plus graves questions dont aient à s'occuper les nations qui ont souci de leurs intérêts et désirent être grandes et prospères. La protection et l'éducation de l'enfant en effet se sont imposées de tout temps à l'étude des hommes qui ont mission de gouverner, tout aussi bien qu'à l'attention de celles qui, par leur intelligence, la générosité de leurs sentiments ou la grandeur de leur situation dans la Société, reconnaissent, comme l'un de leurs premiers devoirs, la nécessité de s'occuper des choses qui intéressent la patrie et concourent à son avenir, à sa prospérité et à sa grandeur.

Parmi toutes les nations, la plus forte, celle dont le rayonnement projette le plus vif éclat, est celle qui sait le mieux élever ses enfants et le plus honorer ses vieillards.

Chez les peuples anciens, au moyen âge, dans les temps modernes, une étude même superficielle de l'histoire nous permet, en tenant compte toutefois des mœurs et des degrés de civilisation correspondant aux différents âges, de constater cette double vérité, quelles que furent du reste, hâtons-nous de le dire, la forme du gouvernement et la base des institutions qui régirent les nations chez lesquelles nous pourrions aller emprunter nos exemples.

L'Egypte sous les Pharaons, la Judée sous ses monarques élus et plus tard sous ses grands prêtres, la Babylonie et l'Assyrie au temps où Babylone et Ninive faisaient l'admiration de l'Univers, nous offrent une preuve frappante des soins avec lesquels on présidait à l'éducation des enfants.

Plus tard les républiques grecques : Argos, Thèbes, la Macédoine, Athènes, Sparte surtout, nous en donnent des preuves plus grandes encore, car chez elles, les plus grands citoyens n'étaient pas les rois et les guerriers, mais bien les législateurs et les éducateurs du peuple.

Les lois de Solon sur ce sujet étaient rigoureuses et prescrivaient aux pères de veiller à l'éducation de leurs enfants, et de se conformer à certaines dispositions inscrites dans le Code. Si quelque père, par avarice ou par malice, contrevenait à l'esprit et à la lettre de la loi, des peines étaient édictées : le premier venu pouvait traduire en jugement et déférer aux tribunaux ce père dénaturé. La loi qui ordonnait au fils de remplir envers son père les devoirs de la nature et de l'humanité, faisait exception à son égard, et n'obligeait pas son fils à aimer, respecter et soutenir dans le besoin un père si peu digne de ce nom.

A Sparte, d'après la législation de Lycurgue, qui en tous points cependant n'est pas imitable, la sévérité dans les procédés d'éducation de l'enfant était plus grande encore, et chacun de nous sait que la responsabilité même en était enlevée aux parents, l'État ne s'en rapportant qu'à lui-même pour former les jeunes citoyens et leur donner les qualités qu'il croyait nécessaires à assurer sa suprématie sur les autres républiques hellènes.

Rome, à son berceau, au temps d'Horace, dont Corneille a si

vigoureusement esquissé la puissance paternelle et les inflexibles principes du citoyen, qui ne voit rien en dehors de l'honneur et de la patrie, fut grande tant que l'éducation du fils, le respect de la famille eurent le pas sur toutes les autres préoccupations. Elle ne s'abîma sous l'effort de ses ennemis coalisés que, lorsque, vers la fin de la République et plus tard sous les Césars, les raffineries de la civilisation, les excès du pouvoir, le relâchement dans les mœurs eurent introduit la démoralisation dans l'Empire et chassé toutes règles dans les procédés d'éducation des jeunes fils des maîtres du monde. En voulez-vous des preuves, en voici deux que je détache tout exprès pour vous des Comédies de Plaute et de Térence : *les Charançons et les Captifs*.

La première a trait à l'éducation d'un enfant de six à sept ans.

« Autrefois on briguait les suffrages du peuple, qu'on obéissait encore à son précepteur : aujourd'hui un gamin de sept ans, si on le touche du bout du doigt, vous casse la tête avec ses tablettes. Allez vous plaindre au père : « Tu as bien fait, mon fils, dit-il au petit drôle, tu sais te défendre. » Puis il appelle le précepteur : « Vieil imbécile, ne t'avise pas de toucher cet enfant, parce qu'il a montré du cœur. » Et le pauvre homme s'en va la tête enveloppée d'un linge huilé comme une lanterne. N'est-ce pas là une belle justice! Comment pourra-t-il se faire obéir, s'il est le premier battu? Eh! mon pauvre Lydus, les mœurs ont changé. »

La deuxième nous dépeint les habitudes des jeunes gens de seize à dix-sept ans. C'est un dialogue entre le précepteur et son élève, au moment où celui-ci se prépare à se rendre à un fin souper.

« LE PRÉCEPTEUR. — Je n'aime pas à vous voir en cet équipage.

LE JEUNE HOMME. — Ce n'est pas pour toi non plus que je me suis mis en frais.

Osez-vous bien me répondre ainsi ?

Mon cher, il vient un âge où l'on ne va plus à l'école. Ce qui m'inquiète pour le quart d'heure, c'est de savoir si le souper sera bon.

Insensé !

Tu es assommant, Lydus, tais-toi et suis-moi.

Voyez-vous, il m'appelle Lydus tout court, et non pas son maître.

Lydus, prends garde, je ne suis plus d'âge à rester sous la férule.

Comment ! il me menace?

Suis-je ton esclave ou es-tu le mien. »

Carthage, l'orgueilleuse dominatrice de la grande mer intérieure, longtemps l'heureuse rivale de Rome, nous fournit, elle aussi, de précieux exemples de ce que vaut l'éducation pour la gloire d'un peuple, car elle jeta un bien plus vif éclat sur le monde par le génie inventif de ses enfants, les grandes découvertes qu'ils firent dans leurs voyages, auxquels les préparait la solide instruction professionnelle qui leur était donnée, que par ses exploits militaires quelque grands qu'ils furent.

Les peuples sauvages eux-mêmes n'ont pas échappé à cette commune loi. Dans le nouveau Continent, au moment où débarquèrent Fernand Cortez, Pizarre et tant d'autres hardis navigateurs, que trouvons-nous? La famille fortement constituée et la tribu ayant à sa tête le Conseil des Anciens. L'organisation était plus complète encore dans le riche empire des Incas et au Mexique au temps de Montezuma.

Mais sans aller prendre nos exemples si loin, dans des temps si reculés, et chez les peuples étrangers, qui ne sait de combien d'égards chez nous, à partir du IXe siècle, quand nous commençâmes à naître à la civilisation, étaient entourés les enfants, je ne dirai pas seulement ceux des familles royales qui nous gouvernaient, mais encore ceux de toute la nation; quels soins jaloux les chefs de famille, les hauts et arrogants barons de la féodalité, et plus tard les riches grands vassaux de la monarchie, apportaient à ce que leurs enfants, les héritiers de leur fortune et de leurs titres, fussent doués de toutes les qualités physiques et morales qui devaient assurer la prospérité de leur Maison et concourir en même temps à celle de la patrie.

Les Écrivains pédagogues qui vivaient dans ces temps reculés nous donnent sur l'éducation des préceptes dont nous pouvons encore tirer grand profit (1).

Ces devoirs que toutes les nations vraiment dignes de ce nom ont si grandement compris, il nous importe à nous, les petits-fils des novateurs de 89, de rechercher comment les gouvernements issus de la grande époque révolutionnaire les ont compris à leur tour, et de quelle manière la démocratie en particulier, qui depuis cent ans bientôt a arboré son drapeau

---

(1) *Rabelais*, chap. xv. — Et pour le quint (cinquième point) doulcement l'exhortait à révérer son père en toute observance, lequel tant s'estudioit à bien le faire instruire . . . .
. . . .

Chap. xxiii. — Se esveilloit doncques Gargantua environ quatre heures du matin. Ce pendent qu'on le frotoit, luy estoit lue quelque pagine de la divine Escripture, hautement et clerement, avecques pronunciation compétente en la matière, et à ce estoit commis un jeune paige natif de Basché, nommé Anagnostes. Selon le propos et argument de ceste leçon, souventes foys se adonnoit à révérer, adorer, prier et supplier le bon Dieu duquel la lecture montroit la majesté et jugemens merveilleux..... Là son précepteur répétoit ce que avoit esté leu, lui exposant les poincts plus obscurs et difficiles.

Érasme, *De pueris statim ac liberaliter instituendis.* — A propos de l'éducation des enfants des riches. Vous dites : « il aura de quoi vivre ». Mais de quoi bien vivre, l'aura-t-il? D'habitude, plus on est riche, moins on s'inquiète de l'éducation de ses enfants. « Qu'ont-ils affaire de philosophie? dit-on. Ils auront assez. » Justement, plus ils auront, plus les secours de la philosophie leur sont nécessaires. Plus un navire est grand, plus il porte de marchandises, et plus il a besoin d'un pilote habile.

dans le monde et est directement aux affaires depuis plus de quinze années, a envisagé la question et quelle solution elle y a apportée.

Il résultera de cet entretien, pour vous-mêmes comme pour moi, je l'espère du moins, une plus grande confiance dans l'avenir, plus de respect pour nos institutions présentes, et un amour plus grand encore si possible, pour le si beau nom de Français que nous sommes si fiers de porter, que nos rivaux jalousent tant et que nos ennemis, quoi qu'ils aient fait dans le passé, quoi qu'ils fassent dans le présent, et quoi qu'il arrive dans l'avenir, j'en ai la grande confiance, ne dépouilleront jamais de l'auréole de grandeur que dix siècles de travaux, de labeurs incessants et de prospérité, ont imprimée sur nos fronts en stygmates ineffaçables. Nous en avons pour garant ce cri unique de ralliement : *Instruisons l'enfant, veillons à son développement physique et moral*, que nous avons entendu pousser d'un bout à l'autre de la France au lendemain des sanglants malheurs qui nous avaient accablés en 1870.

I

Toutes les lois, Mesdames et Messieurs, doivent être respectées; bien plus, tout citoyen se doit à lui-même de les étudier et au besoin de travailler à leur vulgarisation. Mais, parmi toutes, celles relatives à l'enfant, c'est-à-dire les lois qui concourent le plus à développer l'intelligence, à fortifier le corps, à protéger celui-ci et celle-là contre toute mauvaise direction, à former pour l'avenir des hommes et des citoyens en état de mettre au service de la patrie une intelligence bien réglée, un corps solide et bien équilibré, une instruction morale et civique toujours à la hauteur de ses devoirs et des sacrifices que peut avoir à lui demander le pays, prennent le pas sur toutes les autres, et tous, gouvernants et gouvernés, socialistes ardents, républicains sincères et convaincus, monarchistes, légitimistes ou constitutionnels, ministres dirigeants ou simples citoyens, nous devons les regarder comme notre plus grande préoccupation et en faire l'objet de nos plus sérieuses études. En effet, c'est le sang, le cerveau, la moelle, la quintessence de la nation, pour ainsi dire, qui sont en jeu; à elles donc toutes nos sympathies.

Une étude comparative, même succincte, des lois votées antérieurement à 1870, n'entre point dans notre cadre. Nous serions par là même surchargés, et sans grand profit pour la question, car nous ne pourrions traiter d'une manière complète, les lois de l'époque, sur lesquelles il me paraît surtout de la plus haute importance d'attirer toute votre attention.

*

Disons toutefois qu'après 91, lorsque la Convention eut fait justice de toute l'organisation monarchique, proclamé les droits imprescriptibles de l'homme, émancipé les travailleurs, organisé la société sur de nouvelles bases et consacré, par une série de lois restées immortelles, le grand principe de l'instruction gratuite, laïque et obligatoire, à tous les degrés et pour tous les citoyens (1); disons que, sous le Consulat, le premier Empire et plus tard sous la Restauration, le peuple et les gouvernements, oubliant les grands principes posés par nos pères, remués par d'autres idées, poussés en sens inverse par des besoins étrangers au sujet qui nous occupe, préoccupés exclusivement, les uns de gloire militaire, les autres d'intérêts dynastiques, ceux-ci et ceux-là, de mesquines revendications devant lesquelles les intérêts majeurs de la nation n'étaient comptés que pour peu de chose, tournèrent toute leur préoccupation, malgré une opposition vraiment libérale et souvent ardente, vers d'autres buts, et enrayèrent

---

(1) Voir, J. Michelet, *Le peuple*, chap. VII. — Le seul gouvernement qui se soit occupé, d'un grand cœur, de l'éducation du peuple, c'est celui de la Révolution. L'Assemblée Constituante et la Législative posèrent les principes dans une admirable lumière, avec un sens vraiment humain. La Convention, au milieu de sa lutte terrible contre le monde, contre la France qu'elle sauvait malgré elle, parmi les dangers personnels qu'elle courait, assassinée en détail, décimée et mutilée, elle ne lâcha pas prise, elle poursuivit obstinément ce sujet saint et sacré de l'éducation populaire; dans ses orageuses nuits, où elle siégeait armée, prolongeant chaque séance qui pouvait être la dernière, elle prit néanmoins le temps d'évoquer tous les systèmes et de les examiner. « Si nous décrétons l'éducation, disait un de ses membres, nous aurons assez vécu. »

Les trois projets adoptés sont pleins de sens et de grandeur. Ils organisent d'abord le haut et le bas, les écoles normales et les écoles primaires. Ils allument une vive lumière, et la portent dans la vaste profondeur du peuple. Après cela, plus à loisir, ils remplissent l'espace intermédiaire, les écoles centrales ou collèges où pourront s'élever les riches. Néanmoins tout est créé d'ensemble et harmoniquement; on savait alors qu'une œuvre vivante ne se fait pas pièce à pièce. . . . . . .

Quelle chute, après ce temps-là! Chute morale, et non moins grande dans la pensée. Lisez, après les rapports faits à la Convention, ceux de Fourcroy, de Fontanes, vous tomberez en quelques années, de la virilité à la vieillesse, vieillesse décrépite

de toute leur force le progrès social, sous quelque forme qu'il se présentât, restant sourds à tout avertissement, insensibles à tous les besoins, inconscients, pour ainsi dire, des immortels principes dont 89 avait été le berceau, et que la nation tout entière avait pris en garde et juré le développement.

Sous le gouvernement de Juillet, la deuxième République et le second Empire, pendant cette période d'un demi-siècle qui dans l'histoire prendra le nom de siècle des affaires, les hommes au pouvoir, débordés par le mouvement social que leurs prédécesseurs s'étaient obstinés à tourner ou à ne pas voir, durent s'occuper de ces graves questions, et parmi toutes, celles relatives à l'enfance s'imposèrent à leur attention et furent l'objet de leurs plus grandes préoccupations.

La situation, il est vrai, demandait un prompt remède (1). Partout, chez toutes les nations, les conditions économiques étaient profondément changées et les luttes pour l'existence menaçaient de devenir terribles. La découverte de la vapeur et de l'électricité, les progrès sans nombre dans les sciences et les arts, l'apparition des chemins de fer et du télégraphe, leur application au commerce et à l'industrie, quintuplaient les moyens d'action et allaient livrer les faibles à l'exploitation sans merci des plus forts. Dans cette lutte gigantesque où produire était la première loi, s'enrichir le but de toutes les conceptions; où tout était accaparé par l'usine : l'homme, la femme et l'enfant; où tous les intérêts, toutes les passions étaient sollicités et trouvaient un aliment; où les barrières mêmes entre les différents peuples ne formaient plus qu'un obstacle insuffisant, la victoire devait rester au peuple le plus instruit, le plus vigoureux, le mieux outillé, à celui enfin dont le gouvernement sage et prévoyant assurerait d'une

(1) Voir J. Simon, *l'Ouvrier de huit ans*; commentaires du rapport présenté par M. Villermé devant l'Académie des Sciences morales et politiques, pages 180-186.

manière complète le développement des qualités que les nécessités de la vie mettaient chaque jour en jeu.

Ces causes diverses donnèrent naissance aux lois sur l'instruction publique et sur le travail des mineurs dans l'industrie, qui furent étudiées et votées de 1830 à 1848, et qui, bien qu'incomplètes, s'inspiraient cependant des besoins de la situation, et auraient pu enrayer le mal et faciliter le développement moral et physique de la nation, si les pratiques abusives de l'Empire ne nous avaient successivement amenés par l'application de lois rétrogrades, notamment la loi Fortoul, qui annula l'enseignement primaire et désorganisa les collèges et les lycées, à négliger les intérêts vitaux les plus sacrés et à abandonner, sans souci du lendemain, l'étude des grands problèmes sociaux dans lesquels une nation vraiment soucieuse de sa destinée acquiert les qualités nécessaires à son complet développement.

Nous vivions sous ces lois et nous en étions là en 1870, lorsqu'éclata la guerre franco-allemande. Le réveil fut terrible, et chacun de nous a encore présent à la mémoire les grandes angoisses par lesquelles sont passés tous ceux qui en France, à cette époque, avaient un cœur et une âme, tous ceux qui avaient souci de notre avenir et ne pouvaient se rappeler sans frémir, nos gloires passées que dix-huit ans d'oubli nous enlevaient à jamais. Qui ne se rappelle encore nos généraux insuffisants ou incapables, cédant le pas devant l'expérience et la vigueur des officiers allemands; nos armées régulières battues, malgré le courage et l'abnégation de nos soldats; nos jeunes mobiles impuissants devant le flot envahisseur de nos provinces; nos villes bombardées et prises, dominées de haut par les canons scientifiques de nos ennemis; l'héroïque Paris, couvert de neige et d'obus, ne rendant son dernier bastion qu'après avoir dévoré son dernier morceau de pain, formé des dernières balayures de nos greniers et de je ne sais encore quels détritus fournis par ses égouts; nos populations inoffensives rédimées à merci par un vainqueur insatiable; les caisses publiques vidées et mises à sec, l'épargne de tous tarie par l'énorme rançon de 5 milliards; le prestige de la France enfin, atteint jusque dans ses sources les plus vives, par une série de malheurs tels que jamais peuple n'avait eu à en supporter de pareils?

Hâtons-nous d'ajouter à notre louange, qu'aussitôt délivrée de l'ennemi, la nation tout entière, bien qu'encore mutilée et sanglante, et ce sera là son grand honneur, se raidit contre le malheur, se recueillit sagement pour panser ses plaies, et chercha, à l'exclusion de bien d'autres préoccupations, à y porter remède. De ce grand mouvement sont nées les lois dont nous avons à parler, et vous verrez, comme moi, je n'en doute pas, que si le but à atteindre était difficile, les efforts ont été grands et les résultats obtenus tout à fait à l'honneur de ceux de nos concitoyens appelés aux affaires pendant ces quelques années d'études et de transformation sociale.

***

Nous diviserons notre sujet en deux parties :

1° Les lois de préservation sociale, d'ordre matériel et physique, purement économiques;

2° Les lois de préservation sociale, d'ordre moral et intellectuel.

Puis nous compléterons ces données générales en disant quelques mots des nombreuses sociétés dues à l'initiative privée et qui, dans l'ordre moral comme dans l'ordre physique, sont venues parfaire les créations de l'État en ce qu'elles avaient d'incomplet, surtout pour les enfants du peuple de 15 à 21 ans.

Je passerai sous silence, et cela avec intention, les lois, règlements et décrets relatifs aux enfants assistés et moralement abandonnés, dont l'Assistance publique a pris charge, et desquels se sont toujours occupés, dans notre pays, bon nombre de citoyens que la France compte parmi ses plus dignes et ses meilleurs enfants. Ce sujet nous entraînerait trop loin.

L'importance de ces lois auxquelles les derniers événements de Porquerolles viennent de donner tant d'actualité; la grande influence qu'elles peuvent exercer sur l'avenir du pays, n'échapperont du reste à personne; mais par cela même, elles méritent une étude à part, et je laisserai à l'un de mes collègues, plus versé que moi dans les questions pénitentiaires et les études législatives, le soin de vous en parler avec toute l'autorité que mérite un pareil sujet.

Tout spectateur indifférent et qui se contente de voir les choses à la surface, serait peut-être tenté de dire, et quelques-uns parmi nous peuvent être de cet avis : à quoi bon toutes ces lois protectrices d'êtres qui ne demandent rien; est-ce que les sentiments si respectables et si respectés de la famille ne sont pas là pour garantir et faire respecter les enfants; et parmi tous les parents, ceux qui oublient leurs devoirs et sacrifient leurs enfants ne forment-ils pas une infime minorité dont les agissements sont sans effets sur la marche en avant de la nation, et ne peuvent conséquemment l'atteindre dans son développement moral et sa prospérité.

Sans doute, il faut bien l'avouer, dans un certain milieu, on s'apitoye trop sur le sort des enfants; et quand, par hasard, nous traversons affairés un square, ou que les jours de fête nous rencontrons les gros et frais bébés des riches, les uns aux bras ou aux cous des plantureuses nourrices que nous fournissent la Normandie et l'Auvergne, voire même l'Alsace et quelque peu l'Allemagne; les autres, royalement traînés dans leurs voitures élégantes et bien capitonnées; ceux-ci et ceux-là, alertes et bien vêtus, jouer aux jeux innocents, rivaliser aux sauts de la corde ou diriger en folâtres leurs capricieux cerceaux, sans doute, pour ceux-là, la question de l'enfance est un leurre.

Ils sont en effet les maîtres aux logis, des tyrans redoutables et redoutés dont la volonté fait loi, le moindre caprice équivaut à un ordre. Et quand plus tard, débarrassés des premières langes, ils quittent chaque jour la maison paternelle, ce n'est que sous la garde de la bonne, et souvent sous l'œil vigilant de la mère, qu'ils se rendent à l'école publique pour y faire leur premier apprentissage de la vie.

Si nous portons nos regards plus bas, chez le petit boutiquier accaparé toute la journée par le souci de ses affaires; au milieu des robustes et franches familles d'ouvriers laborieux ou des petits employés toujours à la peine, là encore, le spectacle de la famille est réconfortant. Et bien que forcé de quitter toute la journée l'œil vigilant du père et de la mère, l'enfant n'en reçoit pas moins des soins attentionnés, une virile éducation, une direction morale enfin, à laquelle donne souvent beaucoup de poids, la correction manuelle qui ne manque pas de répondre à toute velléité de quitter le droit chemin.

Mais qui de nous ne sait qu'il n'en n'est pas toujours ainsi, et que, dans d'autres milieux au contraire, l'enfant est une charge, une bouche inutile, l'occasion journalière de frais qu'on ne peut ou ne veut supporter. Dans ces milieux où la misère est permanente, où l'instruction fait défaut, où les bons sentiments s'émoussent fatalement devant des besoins sans cesse renaissants et toujours inassouvis, l'enfant est un paria que l'on ne respecte pas, auquel on ne prodigue pas tous les soins qu'exigent sa faiblesse et son âge, et qu'on jette dans la rue aussitôt qu'il peut marcher, par besoins réels quelquefois, par spéculation souvent, par indifférence, sinon par mépris de ses devoirs, dans la majeure partie des cas.

Obligé de travailler durement pour gagner sa vie et se suffire; loin de toute direction, de tous conseils; au contact de toutes les misères, de toutes les turpitudes souvent, il est flétri avant l'âge par les uns, exploité sans merci et sans conscience par les autres, subissant, de quelque côté qu'il se retourne, la loi du plus fort. Les plus sains résistent moralement et physiquement; les autres s'étiolent et sont sans profit pour la société et la défense de la patrie; un grand nombre enfin, traînent une vie malheureuse, heureux quand ils ne se jettent pas au travers des lois et ne forment pas dans l'âge mûr. les pensionnaires des maisons centrales, après avoir été dans leur jeunesse les commençaux de la colonie pénitentiaire.

Et ne croyez pas, Mesdames et Messieurs, que je viens de faire un tableau chargé, grossi à plaisir pour les besoins de la cause. Non, le pauvre petit être que tourmente à loisir la nourrice changée en mégère, à laquelle des parents sans scrupules confient leurs enfants; l'enfant abandonné et livré à la mort sans la crèche et l'assistance publique; l'enfant moralement abandonné, le vagabond dont le petit parquet dote les sociétés d'assistance, ne sont un mystère pour personne.

L'ouvrier de huit ans, à la mine chétive et maladive, vous le connaissez tous d'après Jules Simon, et vous n'êtes pas sans avoir rencontré souvent dans la rue ce paria de l'atelier, la petite machine-outil qui, pour quelques sous, travaille dix, douze, quatorze et quelques fois seize heures, sans souci de sa faiblesse et de ses besoins, pour produire à bon marché, sous l'œil vigilant du patron, ces mille et mille produits de l'industrie qui nous plaisent tant, qui servent souvent à vous parer Mesdames, qui créent l'or pour le producteur, mais ne lui donnent à lui, pauvre petit être, que le maigre morceau de pain, à peine suffisant pour entretenir ses forces et lui permettre de recommencer le lendemain le dur labeur de la veille.

Le petit homme-charrette, le cheval à deux pieds de la rue qui va la bricole sur le cou ou le crochet au dos, suant et soufflant, succombant souvent sous le poids du lourd fardeau que la nécessité de la fortune de son maître le contraint à porter à plusieurs kilomètres, qui de nous ne l'a vu et n'a souvent, en l'aidant à se recharger, compati à son malheur.

Le clown de quinze ans, le trapéziste de douze, l'écuyère de huit, le petit héros du grand écart et de la dislocation qui, pour le plus grand amusement des amateurs du cirque, viennent, sous l'œil vigilant du dompteur impitoyable, exécuter ces mille et mille tours périlleux auxquels leur faible corps n'a pu se briser qu'en passant par je ne sais quel enseignement progressif et méthodique de dislocation que réprouve toute morale, qui de nous ne les a applaudis et encouragés, sans penser anx pleurs que nos délassements avaient dû leur coûter.

Comme moi, Mesdames et Messieurs, vous êtes convaincus, je l'espère du moins, de l'impérieuse nécessité qui a forcé nos législateurs à s'occuper de ces vices, de mettre un frein à ces abus, de réglementer, pour le plus grand avantage de la nation, l'élevage, si je puis m'exprimer ainsi, de l'enfant, la conservation de ses forces et son emploi dans le commerce et l'industrie.

**

II

Les premières lois que nous avons à étudier, sont au nombre de trois : 1° La loi de protection des enfants du premier âge ; 2° la loi sur le travail des enfants et des filles mineures employés dans les manufactures et l'industrie ; 3° la loi sur les acrobates et les enfants employés par les saltimbanques et les mendiants.

Ces trois lois sont d'ordre matériel et physique, purement économiques, et s'inspirent toutes du même mobile : créer une nation physiquement forte et virile, également apte à supporter les fatigues de la guerre et les durs labeurs de l'atelier, et toujours prête à lutter avantageusement avec toutes les nations rivales, dans les travaux du commerce et de l'industrie, et à la frontière, dans les exercices plus périlleux de la guerre et de la défense nationale.

Bien que formant un tout dont les lacunes ont été comblées par l'initiative privée, ces trois lois n'ont point été votées dans l'ordre de succession que nous venons d'indiquer.

Le législateur de 1870, en prenant dans ses patriotiques angoisses, l'initiative de ces lois, porta surtout ses yeux vers l'Est qu'il voyait dégarni de forteresses, après la perte de Metz et de Strasbourg. La frontière sans défense réclamait impérieusement un rempart d'hommes valides et bien constitués, capables de s'opposer à toute nouvelle tentative d'invasion, et de procurer à la nation toute la sécurité dont elle avait besoin pour travailler, sans relâche et sans crainte, à refaire sa fortune compromise et reconquérir dans le monde le rang qu'un gouvernement imprévoyant lui avait fait perdre. De là sa grande préoccupation pour les mineurs de douze à seize ans qui, dans quelques années à peine, devaient former la défense de la France, et dont la loi fut votée la première, le 19 mai 1874, sous le titre de loi sur le travail des enfants et des filles mineures employés dans l'industrie.

Ce ne fut que plus tard, lorsqu'il eut conscience d'avoir fait acte de bon citoyen et assuré le présent, que le législateur porta son attention sur les enfants employés dans les professions ambulantes et sur les enfants du premier âge.

Loi du 23 décembre 1874. — La loi sur les enfants en bas âge, votée le 23 décembre 1874, la dernière des trois, réglemente sévèrement le service des nourrices (les faiseuses d'anges, comme quelques critiques de justice correctionnelle se sont plu à les appeler) et contient toutes les mesures nécessaires pour assurer la santé de ces jeunes enfants, les conserver sains et vigoureux pour l'avenir, et atteindre dans son germe la grande mortalité qui pesait sur eux et menaçait, si elle n'était point puissamment enrayée, d'arrêter la France dans son développement normal et nécessaire, et de la rejeter au deuxième rang des nations européennes. Les médecins, les hygiénistes, les économistes de toutes les écoles s'étaient vivement préoccupés de cette grave question depuis plusieurs années et avaient attiré sur elle, en termes émouvants et toujours passionnés, l'attention des gouvernements et de tous les philanthropes.

Le sénateur Théophile Roussel, un homme de bien s'il en fut, et qui depuis quinze ans a attaché son nom à toutes les œuvres humanitaires qui ont été tentées et menées à bien en faveur de l'enfant de tous les âges, fut le promoteur de la loi et son éloquent avocat au Sénat; le comte de Melun fut chargé du Rapport.

Sous l'impulsion puissante de ces deux ardents prosélytes, la loi prit bientôt un corps et un âme, et nous ne croyons pouvoir mieux faire, pour faire passer chez vous la conviction qui animait ces deux hommes de bien, que de vous donner l'extrait suivant emprunté à leur si éloquent Rapport.

« En France, dans des conditions générales qui semblent constituer un milieu favorable à la vie, un calcul de M. Bertillon donne, pour l'âge de 0 à 1 an, une moyenne de mortalité de 21 0/0, c'est-à-dire que plus d'un cinquième des enfants qui naissent est mort au bout de la première année.

» A Paris, sur 54,000 enfants environ qui naissent chaque année, plus de la moitié a péri avant quatre ans, et, en comptant à part les enfants envoyés en nourrice, on trouve que plus de la moitié (51.6 0/0) a péri avant un an révolu.

» Enfin, si on classe les enfants d'après leur origine et les conditions de leur placement en nourrice, on arrive à ces chiffres de mortalité de 75 à 80 0/0, qui semblent fabuleux lorsqu'on les lit même dans les statistiques officielles.

» Dans les conditions communes de la vie de province, on trouve que dans certains départements pris en entier, la Creuse par exemple, la mortalité de 0 à 1 an ne dépasse pas 13 0/0. Dans un grand nombre de localités, qui n'ont entre elles qu'un seul point de ressemblance : l'allaitement maternel comme pratique générale, cette proportion se maintient au-dessous de 10 0/0 et descend jusqu'à 5; de sorte qu'on est fondé à dire que là où les lois de l'hygiène sont convenablement appliquées, la mortalité moyenne des enfants du premier âge ne dépasse pas sensiblement 10 0/0. »

Ces constatations d'une vérité si frappante, si effrayante plutôt, ouvrirent les yeux sur le gouffre qui se creusait autour de nous, soulevèrent puissamment l'opinion publique à cette époque et décidèrent du sort de la loi devant la haute assemblée, après avoir convaincu toute la nation de son impérieuse nécessité.

Depuis lors, de grands progrès ont été faits, mais dans un grand nombre de départements industriels surtout, beaucoup reste encore à faire. Nous lisions en effet dernièrement, dans un journal d'hygiène (1), un rapport du Dr Brunet pour le département du Nord, duquel il résultait que la moyenne de la mortalité pour les enfants abandonnés aux soins de parents peu éclairés ou de nourrices non surveillées, s'élevait encore pour les années 1880 à 1883, de 49 à 70 0/0, suivant les cantons, tandis que les statistiques fournies par la loi Roussel ne donnaient dans les mêmes conditions que 30 0/0 à peine.

En présence de ces chiffres que l'on ne peut citer qu'avec douleur et effroi, vous vous associerez aux articles de la loi qui a été votée pour enrayer un mal si effrayant (2); vous travaillerez au besoin, Mesdames et Messieurs, à leur application; vous faciliterez la tâche aux inspecteurs nommés par l'État, aux nombreuses sociétés : pour l'allaitement maternel, pour la protection des enfants en bas âge, pour l'installation et la surveillance des crèches, etc., dont les bienfaits ne se comptent plus, dont les mérites ne sont dépassés que par les services qu'elles rendent, et vous-mêmes, en agissant ainsi, vous aurez fait bonne œuvre et bien mérité de la patrie.

---

(1) *Journal d'Hygiène* publié par le Dr de Pietra Santa.

(2) Art. 1er. — Tout enfant âgé de moins de deux ans qui est placé moyennant salaire, en nourrice, en sevrage ou en garde hors du domicile de ses parents, devient, par ce fait, l'objet d'une surveillance de l'autorité publique ayant pour but de protéger sa vie et sa santé.

Art. 6. — Sont soumis à la surveillance instituée par la présente loi : toute personne ayant un nourrisson, un ou plusieurs enfants en sevrage ou en garde, placés chez elle, moyennant salaire; les bureaux de placement et tous les intermédiaires qui s'emploient au placement des enfants en nourrice, en sevrage ou en garde.

Le refus de recevoir la visite du médecin inspecteur, du Maire de la commune ou de toutes autres personnes déléguées ou autorisées en vertu de la présente loi, est puni d'une amende de 5 à 15 francs.

Un emprisonnement de un à cinq jours peut être prononcé, si le refus dont il s'agit est accompagné d'injures ou de violences.

Loi du 19 mai 1874. — Avec la loi du 19 mai 1874 qui réglemente le travail des enfants et des filles mineures employés dans l'industrie, le spectacle change. Nous ne sommes plus en présence de l'enfant au berceau, inconscient et sans force, dont s'occupe la loi dont nous venons de parler; nous avons devant nous la machine-outil, le fileur, le retordeur, l'effilocheur, le leveur de feuilles, etc. Le petit homme à la fois cheval et charrette, l'ouvrier de huit ans enfin, dont je vous parlais tout à l'heure. Mais, bien que ces enfants soient plus âgés, les dangers qu'ils courent n'en sont pas moins grands, et la protection qui leur est due n'en doit pas être moins active, moins efficace et moins réelle; et ce sera le très grand honneur du législateur de notre époque, d'avoir nettement envisagé la question et d'y avoir apporté la solution qu'elle comportait impérieusement, tout en ne sacrifiant rien aux exigences de l'industrie que la rivalité des nations étrangères nous commandait de ne pas laisser désarmée (1).

---

(1) Voir J. Simon : *L'Ouvrier de huit ans*, chap. III : *L'Usine*.
Au point de vue économique, on doit donc reconnaître que les usines donnent aux femmes et aux enfants des salaires qu'aucune sorte d'industrie ne pourrait leur procurer. Il y a donc là, pour la famille, un accroissement de revenu, pourvu que l'homme, évincé de la fabrique, trouve ailleurs un emploi suffisant et équivalent de sa force. Cela ne se rencontre pas toujours . . . .
. . . .

Il n'en est pas de même du mal produit par la même cause au point de vue moral. Celui-là est profond et presque invincible. L'introduction des femmes et des enfants dans les ateliers tend à modifier gravement la vie de famille, sinon à l'anéantir. Ce malheur, car c'est un malheur, et il n'en est pas de plus grand, tient surtout à la présence des femmes mariées dans les ateliers pendant onze ou douze heures par jour. Quant aux enfants, si nous cherchons quelles sont pour eux-mêmes les conséquences de leur transformation en ouvriers, nous en trouvons d'heureuses, telles que le salaire et la suppression du vagabondage, et de véritablement funestes, comme par exemple, l'altération presque certaine et presque irrémédiable de la santé et la privation de toute instruction et de toute éducation. Il est clair que, s'il fallait choisir, il ne serait pas permis d'hésiter un seul instant, et qu'aucune sollicitude pour les intérêts de l'industrie, aucune pitié pour la détresse des familles ne pourrait absoudre la société du crime de livrer ainsi les jeunes générations et de laisser tuer à la fois leur âme et leur corps; mais il n'est pas question de choisir; il s'agit tout

Deux hommes très différents de talent et de valeur personnelle ont attaché leur nom à cette loi bienfaisante : M. Ambroise Joubert, un industriel, le promoteur, dont la philanthropie et les qualités morales sont au-dessus de tout éloge; M. Eugène Tallon, le rapporteur, un avocat éminent, qui a mis à sa défense, tout son grand talent oratoire, toute son âme et tout son cœur, qui a dû emporter d'assaut un par un tous les articles, livrant sur chacun un combat particulier où se sont tour à tour dévoilées les plus grandes qualités de l'homme politique, du philanthrope et du jurisconsulte.

Disons à leur honneur que la loi votée est digne en tous points de leurs grands efforts. Elle consacre quatre principes nouveaux de la plus haute importance, et qui, implantés dans nos mœurs, ne pourront que produire les plus féconds résultats.

Le premier, le plus important de tous, c'est le respect des forces physiques, de la morale et de la santé de l'enfant, 1° en posant des conditions à son emploi, à la fois restrictives des droits des parents, de l'omnipotence des patrons et de la volonté elle-même des enfants; 2° en déterminant d'une manière très précise les conditions d'hygiène et de salubrité des ateliers; 3° en constituant les patrons gardiens de la moralité des enfants des deux sexes qu'ils emploient; 4° en fixant la forme et le nombre des appareils préservateurs contre les accidents à appliquer aux machines; 5° la limite maximum des poids dont peuvent être chargés les enfants des différents âges; 6° le temps pendant lequel ils peuvent être employés; et 7° enfin, les pénalités qu'encourent les patrons qui transgressent l'une ou l'autre des prescriptions qui leur sont imposées.

Le second, devançant de près de dix années la loi sur l'obli-

---

simplement d'empêcher le mal et de développer le bien, et ce n'est pas sans un certain étonnement que nous ajoutons qu'il n'y a rien de si facile. On a là sous la main un bien immense à réaliser, sans dépense et sans résistance, par un simple article de loi : on n'a que le tort de n'y pas penser.

gation scolaire qui n'a pu être votée qu'en 1882, c'est la nécessité de l'instruction pour tous les enfants depuis l'âge de dix ans, âge d'admission commun aux deux sexes, jusqu'à l'âge adulte, fixé à quinze ans pour les garçons et à seize ans pour les jeunes filles.

Le troisième, c'est l'interdiction absolue de tout travail de nuit pour les deux sexes, jusqu'à l'âge de 16 ans pour les garçons, et par une disposition fort heureuse et vraiment humanitaire, jusqu'à celui de 21 pour les filles.

Ces prescriptions résultent des articles 8, 9, 4 et 15 de la loi, qu'en raison de leur importance, il est bon de vous faire connaître (1).

Le quatrième, le plus nouveau et certainement celui qui sera le plus fécond pour l'avenir, et que nous voyons revenir dans toutes les autres lois, après avoir été posé par celle-ci, c'est l'égale protection donnée aux enfants des deux sexes, à la fille comme au garçon ; c'est l'assimilation complète dans les charges comme dans les avantages ; c'est le développement moral et physique assuré aux uns comme aux autres.

Quoi de plus simple, de plus naturel et de plus rationnel, me dira-t-on ? — Qui de nous cependant ne sait que notre législation a toujours fait jusqu'alors de la femme un être en tutelle, subordonnée à la volonté de l'homme, et dont

---

(1) Art. 8. — Nul enfant, ayant moins de 12 ans révolus, ne peut être employé par un patron qu'autant que ses parents ou tuteur justifient qu'il fréquente actuellement une école publique ou privée.

Art. 9. — Aucun enfant ne pourra, avant l'âge de 15 ans accomplis, être admis à travailler plus de six heures par jour, s'il ne justifie par la production d'un certificat de l'instituteur ou de l'inspecteur primaire visé par le maire, qu'il a acquis l'instruction primaire élémentaire.

Art. 4. — Les enfants ne pourront être employés à aucun travail de nuit jusqu'à l'âge de 16 ans révolus. La même interdiction est appliquée à l'emploi des filles mineures de 16 à 21 ans, mais seulement dans les usines et manufactures.

Art. 15. — Les patrons ou chefs d'établissements doivent, en outre, veiller au maintien des bonnes mœurs et à l'observation de la décence publique dans leurs ateliers.

la culture intellectuelle, sinon le développement physique, était souvent reléguée au deuxième plan dans les préoccupations de la famille. Honneur donc à ces hommes hardis qui, voyant partout dans la femme, la compagne, l'amie, le conseil de l'homme, toujours prête à supporter avec lui ses peines et ses joies, le poids de ses affaires dans la bonne comme dans la mauvaise fortune, ont cru qu'il fallait à celle-ci comme à celui-là, un esprit éclairé, une âme honnête, dans un corps valide.

Tels sont, Mesdames et Messieurs, les principaux caractères de cette loi du 19 mai 1874 dont la garde a été confiée aux soins vigilants d'une commission supérieure instituée près le Ministre du Commerce, assistée d'inspecteurs divisionnaires, et dans chaque département, aux préfets secondés par des commissions locales composées d'hommes les plus compétents, les plus dévoués aux classes laborieuses, et qui, vivant au milieu des populations, sont chargés de faire pénétrer parmi elles, par la persuasion et les conseils, les saines doctrines d'une loi que notre apprentissage politique incomplet rendait parfois d'une application bien difficile.

Cette loi fonctionne depuis plus de dix ans déjà, et dans les derniers rapports des inspecteurs et des commissions locales, on pouvait constater que les contraventions ne sont plus qu'une exception et que partout dans les usines, à l'encontre d'autrefois, on rencontre une foule d'enfants qui, par leur instruction première, le développement normal de leurs forces physiques, promettent pour l'avenir, à nos industriels et à nos commerçants, des collaborateurs actifs et intelligents, et à la patrie, de jeunes citoyens valides sur lesquels elle peut compter si l'ennemi venait à menacer encore ses frontières. Ayons donc confiance et croyons à l'avenir.

Loi du 7 décembre 1874. — La loi sur les acrobates, les mendiants, les saltimbanques et les professions ambulantes votée le 7 décembre 1874, réglementant l'emploi des enfants dans chacune de ces industries, est loin d'avoir été accueillie avec la même faveur, et, à la tribune politique, il a fallu faire assaut d'éloquence, livrer de véritables combats, pour obtenir qu'un peu d'humanité présidât aux grandes attractions servies à nos amateurs du grand écart; autant eût valu demander au fier Espagnol, au flegmatique John Bull, de reléguer au troisième plan le tauréador et le boxeur.

Le caractère particulier de la loi est d'être à la fois limitative de la puissance et de la tyrannie des exploiteurs et des droits plus respectables peut-être, mais non moins abusifs, des parents, car d'après l'esprit du législateur, nul en France quelle que soit sa situation, ne peut avoir le droit d'attenter à la santé, à la morale, à l'hygiène corporelle et intellectuelle des enfants.

Les efforts du législateur ont dû être grands pour avoir raison des goûts des partisans acharnés des spectacles à sensation; et il fallut, à la Chambre, toute l'autorité, tout le talent de M. Tallon, à la fois promoteur et défenseur de la loi, pour en emporter de haute lutte, le vote et la sanction.

Ses paroles sur la dislocation que quelques complaisants comparaient à la gymnastique, ses paroles tout entières, sont à citer :

« Si l'analogie était réelle, dit-il, entre les exercices que vise la loi et la gymnastique ou l'équitation, s'ils étaient identiques à ceux qui rentrent dans l'éducation virile, énergique et courageuse qu'il convient de donner aujourd'hui aux enfants de la France, il est bien évident que nous ne réclamerions pas contre eux l'intervention du Législateur. Mais les emplois abusifs des forces humaines que nous signalons et que nous voulons faire tomber sous le coup de la loi, sont d'une tout autre nature.

» Ce n'est pas dans l'intérêt de l'enfant, pour son développement physique, pour son éducation, que l'on s'applique à cette déformation de son corps que l'on appelle la dislocation. C'est en réalité pour satisfaire la cupidité ou du père ou du patron que l'on fait souffrir une malheureuse créature, pour la donner ensuite en spectacle à la foule. Comptez les victimes de cette terrible industrie, comptez celles qui n'ont pu avoir une force suffisante pour arriver à devenir des phénomènes dignes d'être exposés aux regards du public qui fréquente ces spectacles barbares; comptez et vous sentirez comme nous la nécessité d'une législation protectrice de l'enfance. . . .

. . . .

» C'est par des tortures continuelles, persistantes dès le jeune âge, que l'on peut conserver cette souplesse que nous vantaient tout à l'heure nos honorables contradicteurs. . .

. . . .

» Il existe, Messieurs, des écoles de déformation de l'enfance, il y a des écoles de dislocation, il y a des fabriques de phénomènes, il y a des entrepreneurs de sujets ou de phénomènes pour les spectacles de la foire. »

Ces paroles, Mesdames et Messieurs, n'étaient que trop vraies, il y a là une honteuse spéculation, des dangers réels pour la santé des enfants, qu'il faut à tout prix combattre et faire disparaître. En voulez-vous des preuves : nous n'avons qu'à les emprunter au manuel progressif et méthodique de l'acrobatie. Deux exemples suffiront pour vous fixer.

« Pour donner de l'élasticité, le gymnasiarque appuie le genou contre les reins de l'enfant et les fait lentement plier en arrière. Le plus souvent même, il trouve ce procédé insuffisant et invente le supplice suivant : une roue de charrette, matelassée de foin et recouverte d'une forte toile d'emballage, est tenue par l'opérateur entre ses genoux ; l'enfant est placé devant et lié au moyen d'une corde à la circonférence sur laquelle, quand la roue est mise en mouvement, les reins puis successivement tout le corps sont forcés de prendre position.

» Pour le grand écart, tantôt les pieds sont attachés à deux échelles réunies par en haut et que l'on écarte peu à peu ; tantôt, en suivant un système plus moderne, on dispose les pieds de l'enfant dans des brodequins cloués sur des planchettes sous lesquelles sont adaptées des roulettes de fauteuil, on forme ainsi une sorte de patins à roulettes surmontées de bottines. L'enfant étant debout sur les planches, les opérateurs prennent chacun une main et un pied et tirent progressivement, jusqu'à ce que l'angle des jambes devienne une ligne droite. »

Vous penserez comme moi, n'est-ce pas, quel que soit votre amour pour les spectacles du cirque, que ces pratiques, qu'elles viennent des parents ou de simples entrepreneurs, sont abusives, immorales, condamnables au premier chef, et vous approuverez les articles 1 et 2 qui ont pour but de faire cesser de pareils pratiques et résument tout l'esprit de la loi (1).

Une nation vraiment grande, soucieuse de ses intérêts, n'a pas besoin, pour se maintenir au premier rang des nations policées et vraiment libres, de souffrir chez elles, sous pré-

---

(1) Article premier. — Tout individu qui fera exécuter par des enfants de moins de seize ans des tours de force périlleux on des exercices de dislocation sera puni d'un emprisonnement de six mois à deux ans et d'une amende de 16 à 200 francs.

La même peine sera applicable aux père et mère exerçant les professions ci-dessus désignées et qui emploieraient dans leurs représentations leurs enfants âgés de moins de douze ans.

Art. 2. — Les père et mère, tuteurs ou patrons qui auront livré, soit gratuitement, soit à prix d'argent, leurs enfants, pupilles ou apprentis âgés de moins de seize ans aux individus exerçant les professions ci-dessus, ou qui les auront placés sous la conduite de vagabonds, de gens sans aveu ou faisant métier de la mendicité seront punis des peines portées article premier.

La même peine sera applicable à quiconque aura déterminé des enfants âgés de moins de seize ans à quitter le domicile de leurs parents ou tuteur pour suivre des individus des professions sus-indiquées.

La condamnation entraînera de plein droit pour les tuteurs, la destitution de la tutelle ; les père et mère pourront être privés des droits de la puissance paternelle.

texte de liberté individuelle, ces pratiques honteuses qui ne peuvent que conduire l'enfant à la déformation du corps, à la dégradation morale et au complet abaissement de toutes les facultés intellectuelles.

***

Il reste maintenant à vous parler, Mesdames et Messieurs, des lois de préservation sociale d'ordre purement moral et intellectuel, lesquelles comprennent toutes les lois votées dernièrement et relatives à l'éducation et à l'instruction.

1° Les lois sur la gratuité, l'obligation et la laïcité;

2° Les décrets réformant et complétant l'enseignement primaire supérieur des garçons et des jeunes filles ;

3° La loi sur les écoles manuelles et professionnelles;

4° La loi créant l'enseignement secondaire des jeunes filles.

Ce n'est pas dans ce milieu, parmi vous tous qui venez, en dehors de toute loi, de toute contrainte, de toute ingérence autres que celles que vous voulez bien vous reconnaître à vous-mêmes, rechercher dans cette salle du Prétoire et dans celle de la rue Jean-Lantier, quelques distractions sans doute, mais aussi un complément d'instruction que sous une forme que nous nous efforçons de rendre attractive, nous mettons bien volontiers à votre disposition (1), ce n'est pas dans ce milieu, dis-je, qu'il convient d'insister outre mesure sur la nécessité

---

(1) Conférences faites en 1886-1887 au Prétoire du Ier arrondissement : l'Origine de l'Imprimerie, le Livre; — la Lutte pour la vie; — le Bon vieux Temps; — l'Enfant devant la Loi; — la Nouvelle-Calédonie; — les Orateurs de la Révolution; — le Café, le Quinquina et les Rubiacées; — Lachaud, avocat; — l'Alliance gréco-latine.

Chaque conférence a été ouverte par l'interprétation d'un morceau, scène ou dialogue par quelques élèves du cours de diction de M. BINA : *les Imprécations de Camille; le Porte-Drapeau*, de A. DAUDET; *la Nature*, de Victor HUGO; *le Cor*, d'Alfred de VIGNY; *la Nuit de Décembre*, d'Alfred de MUSSET; *les Voyages*, de GRENET-DANCOURT; *le Menteur*, de CORNEILLE; *Moins qu'çà*, poésie; *la Grand'mère*, de Victor HUGO; *le Roi s'amuse*, de Victor HUGO.

de l'éducation et de l'instruction. Il suffirait certainement d'énumérer les lois dont j'ai à vous parler, de signaler leur caractère commun, si éminemment patriotique : l'instruction à tous les degrés, pour toutes les classes de la société et commune aux deux sexes, pour que votre conviction déjà faite devînt plus grande et plus précise encore s'il est possible.

Ces lois cependant sont si importantes, les législateurs, pénétrés de la pensée de l'abbé Grégoire : « *Reconstituer la nature humaine en lui donnant une nouvelle trempe* », se sont si bien ingéniés à enserrer comme dans un réseau inextricable tout ce qui en France avait besoin de culture intellectuelle, que je ne puis résister au désir de vous en dire quelques mots et de vous montrer la grande harmonie de leur ensemble, en même temps que les caractères particuliers et vraiment libéraux de chacune d'elles.

Lois du 28 mars 1882 et du 11 juin 1881. — La première de ces lois, bien qu'elle n'ait été promulguée que le 28 mars 1882 a trait à l'obligation et à la laïcité. Elle a été précédée d'une autre loi, votée le 11 juin 1881 avec laquelle elle ne fait qu'un du reste, sur la gratuité, et, à elles deux, elles représentent le plus grand progrès de l'époque.

Si je vous disais que ces lois sont absolument nouvelles, vous ne me croiriez pas. En effet, il est sorti de toutes pièces du cerveau de la Convention, une loi dont celles-ci ne sont que la réédition (1). Aux secondes, comme à la première, les critiques, les attaques passionnées n'ont pas manqué. Espérons

(1) Les hommes qui avec l'abbé Grégoire jouèrent le plus grand rôle dans le Comité de l'instruction publique et travaillèrent le plus activement à l'élaboration et au vote de la loi furent Condorcet et Lakanal. Ce dernier avait pris pour devise : « Un peuple ignorant ne peut être libre. » Dans son Rapport à la Convention, l'abbé Grégoire traduisait la pensée de tous ses collègues du Comité par les paroles suivantes : Reconstituons la nature humaine en lui donnant une nouvelle trempe : il faut que l'éducation publique s'empare de la génération qui naît. »

Pensée profonde qui s'imposait comme une nécessité, si l'on voulait que

que plus vigoureuses que leur aînée, mieux constituées par un enfantement qui a duré près d'un siècle, elles seront assez robustes pour résister à tous les assauts. Nous en avons pour garants, les grands débats pendants il y a quelques mois à peine au Sénat, lors de la discussion de la loi relative à l'organisation de l'instruction primaire, et dans lesquels les orateurs du gouvernement ont apporté un talent, une chaleur de conviction et de paroles qui leur assureront, quoi qu'il arrive, un grand nom dans l'histoire du pays.

Les annales parlementaires, Mesdames et Messieurs, garderont une trace impérissable des grands travaux et des luttes oratoires auxquels ont donné lieu dans les bureaux la préparation, et aux Chambres la discussion et le vote de ces lois. Et dans l'avenir, lorsque les jeunes générations républicaines de cette époque jouiront, en toute sécurité, des progrès qu'elles auront permis de réaliser, c'est avec reconnaissance, croyez-le bien, qu'elles se rappelleront les noms de toutes les personnes qui, par leur éloquence, leur talent comme écrivain, leur compétence en la matière ou leur grand amour de la patrie (1), auront su les imposer aux Chambres et les faire voter avec enthousiasme par les uns et par les autres, comme une nécessité que réclamaient impérieusement l'intérêt présent de la France et le souci de sa grandeur dans l'avenir.

Le 24 juin 1883, M. Buisson, l'éminent directeur de l'enseignement primaire, à la distribution des prix de l'Association polytechnique, disait de ces lois :

« Ce qui se fait en ce moment-ci d'un bout de la France

---

la Révolution fût une œuvre durable, et que Mirabeau lui-même vint appuyer de tout le poids de sa parole en lançant aux membres réactionnaires de la Chambre cette dure apostrophe : « Ceux qui veulent que le paysan ne sache ni lire ni écrire, se sont fait sans doute un revenu de son ignorance.

(1) MM. Gréard et Buisson ; M. Jean Macé, le président de la Ligue de l'Enseignement ; MM. Barodet, Jules Ferry, Goblet, Compayré et surtout Paul Bert, l'éloquent et infatigable rapporteur de ces lois.

à l'autre, de Paris à la plus humble commune, peut se résumer en un mot, c'est une tentative qui a pour objet de fonder dans ce pays-ci une *instruction nationale*. Tout est là et rién que là.

» Et qu'est-ce qu'une instruction nationale? C est tout d'abord une instruction qui s'adresse à tous les hommes, c'est d'autre part une instruction qui embrasse dans chaque homme, l'homme tout entier. C'est à ces deux caractères qu'on peut ramener tous les traits essentiels de la grande expérience à laquelle nous assistons, de ce grand essai de rénovation sociale, qui se poursuit en ce moment dans l'école et, par l'école, dans le pays. »

Il était difficile de mieux rendre la haute importance sociale de la loi, mais les caractères particuliers qu'elle présente, indépendamment de la belle interprétation que vient d'en donner M. Buisson, sont trop nombreux pour qu'il ne nous paraisse pas utile d'y insister.

1° Elle est obligatoire, libérale et patriotique, cela résulte de l'article 4 (1).

2° Elle n'est ni athée, ni antireligieuse malgré les attaques passionnées qu'elle a eu à supporter de ce chef.

L'article 2 donne en effet toute latitude aux parents et leur fournit les moyens de faire instruire leurs enfants selon leur conviction. (2)

(1) Art. 4. — L'instruction primaire est obligatoire pour les enfants des deux sexes âgés de six ans révolus à treize ans révolus; elle peut être donnée dans les établissements d'instruction primaire ou secondaire, soit dans les écoles publiques ou libres, soit dans les familles, par le père de famille lui-même ou par toute personne qu'il aura choisie.

Un règlement déterminera les moyens d'assurer l'instruction primaire aux enfants sourds et muets et aux aveugles.

(2) Art. 2. — Les écoles publiques vaqueront un jour par semaine, en outre du dimanche, afin de permettre aux parents de faire donner, s'ils le désirent, à leurs enfants, l'instruction religieuse, en dehors des édifices scolaires.

L'enseignement religieux est facultatif dans les écoles privées.

3° Elle ne porte aucune atteinte à la liberté et à l'autorité des pères de famille, car elle ne les astreint qu'à l'obligation de faire donner l'instruction à leurs enfants, les laissant libres sur le choix de l'école et des professeurs. L'article 7 est formel à cet égard :

« Le père, le tuteur, la personne qui a la garde de l'enfant, le patron chez qui l'enfant est placé, devra quinze jours au moins avant la rentrée des classes, faire savoir au maire de la commune s'il entend faire donner à l'enfant l'instruction dans la famille ou dans une école publique ou privée; dans ces deux derniers cas, il indiquera l'école choisie. »

4° Elle est gratuite et les frais sont supportés par tous. Les enfants en effet sont la fortune de l'État, le patrimoine de tout le monde; tous ont donc droit à une égale culture intellectuelle, et la charge doit en grever le budget de la commune d'abord, le domaine public ensuite, si les ressources de la commune sont insuffisantes. Article 1er et suivants de la loi sur la gratuité (1).

5° Elle est laïque, c'est-à-dire nationale, un grand mot seul capable de faire tomber toutes les préférences, et son enseignement a conséquemment pour base la morale et le civisme enseignés par l'instituteur, au lieu de l'enseignement religieux confié jusqu'alors aux ministres des différents cultes.

6° Son programme est plus complet que celui de toutes les lois qui l'ont précédée et s'inspire des besoins de l'époque. Il donne en effet, indépendamment de l'instruction primaire proprement dite, une large part à toutes les connaissances vraiment utiles : au droit usuel, à l'économie, à la morale civique, à la gymnastique, aux exercices de tir, etc., sans

---

(1) Loi du 16 juin 1881, sur la gratuité, article 1er. — Il ne sera plus perçu de rétribution scolaire dans les Écoles primaires publiques ni dans les salles d'asile publiques. — Le prix de pension dans les écoles normales est supprimé.

lesquels les citoyens de l'époque ne sont pas complets. Voir l'article 1er (1).

Cette loi fonctionne depuis trois ans déjà, et grâce aux concours volontaires des commissions scolaires elle est acceptée partout et reconnue comme un bienfait.

Ajoutons que par un décret du 3 août 1881, précédant ainsi de quelques mois le vote sur l'obligation, le gouvernement avait organisé les écoles maternelles auxquelles M. Gréard, l'éminent vice-recteur de Paris, a pour ainsi dire attaché son nom (2). Ces écoles établissent la transition naturelle entre l'enfant du premier âge que recueille l'asile et celui de six ans devant lequel s'ouvrent les portes de l'école telle qu'elle est instituée par la loi de 1882.

DÉCRET DU 15 JUIN 1881. — La loi sur l'instruction gratuite et obligatoire comportait deux extensions naturelles que nos législateurs, s'inspirant des grands principes de la Convention, n'ont pas manqué de lui donner : les écoles

(1) ART. 1. — L'enseignement primaire comprend : l'instruction morale et civique ; la lecture et l'écriture ; la langue et les éléments de la littérature française ; la géographie, particulièrement celle de la France ; l'histoire, particulièrement celle de la France jusqu'à nos jours ; quelques notions de droit et d'économie politique ; les éléments des sciences naturelles, physiques et mathématiques ; leurs applications à l'agriculture, à l'hygiène, aux arts industriels, travaux manuels et usages des outils des principaux métiers ; les éléments du dessin, du modelage et de la musique ; la gymnastique ; pour les garçons, les exercices militaires ; pour les filles, les travaux à l'aiguille.

(2) M. Gréard. *L'Enseignement primaire à Paris*, 2e édition, p. 69. — Nous avons réservé les salles d'asile. Il était nécessaire de les distinguer des écoles ; il ne faut point les en séparer. Entrant dans les voies de l'enseignement qui leur ont été récemment ouvertes, elles commencent rendre de sérieux services pour ces premiers exercices d'observation et d'invention qui disposent l'enfant au travail régulier de l'école. Utiles à tous, par cela seul qu'elles assurent au développement des forces physiques, en même temps qu'au progrès des facultés naissantes de l'enfant, un régime d'éducation sain et éclairé, elles sont plus particulièrement nécessaires dans les quartiers où le travail de l'atelier enlève la mère à la famille.

primaires supérieures et les écoles manuelles et professionnelles d'apprentissage qui sont les débouchés naturels des enfants des classes pauvres et des travailleurs aisés, de même que les collèges et lycées, les écoles spéciales et les facultés, sont le lieu de rendez-vous de ceux qui, favorisés par la fortune ou leur intelligence, peuvent se permettre le luxe d'une instruction littéraire et scientifique qui est la base nécessaire des professions dites libérales.

La loi du 28 juin 1833 avait créé les écoles primaires supérieures pour les garçons, mais le fonctionnement en fut toujours incomplet. Abrogées du reste par la loi de 1850, elles ne furent plus représentées que dans quelques grandes villes, notamment à Paris, par l'Ecole Turgot dont la puissante vitalité n'a cessé de s'affermir de jour en jour (1). L'idée fut reprise sous l'Empire, par l'honorable M. Duruy, dont les premiers essais, bien que timides et presque inavoués, parurent être couronnés de quelques succès; mais elles ne furent définitivement reconstituées et organisées que par le décret du 15 juin 1881, qui fixe définitivement le programme et ouvre par une disposition fort heureuse ces écoles aux garçons et aux filles.

L'enseignement donné dans ces écoles ne doit pas être confondu avec l'enseignement primaire spécial créé par M. Duruy, en 1867, appelé de nos jours enseignement secondaire spécial, dont les programmes, la division des études et les méthodes d'enseignement sont tout autres, puisqu'il est destiné à donner satisfaction à d'autres besoins.

---

(1) M. Gréard, dans son livre sur l'Enseignement primaire à Paris, p. 187, jugeant l'enseignement qui était donné à l'Ecole Turgot disait: « Mais les études n'ont pas dévié de leur ligne primitive, également éloignée de l'enseignement classique et de l'enseignement technique, approprié aux besoins de la classe moyenne et de l'élite de la population ouvrière, ne formant directement à aucune profession, mais préparant à toutes par une éducation générale dirigée en vue des carrières ouvertes au commerce et à l'industrie.

Guizot dans son Rapport aux Chambres en 1833, sur les écoles supérieures, traduisant la pensée de Condorcet à la Convention sur le même sujet, disait de ces écoles :

« Nous voulons un enseignement qui, sans entrer dans l'enseignement classique et scientifique proprement dit, donne pourtant à une partie nombreuse de la population une culture intellectuelle un peu plus relevée que celle que lui donne l'instruction primaire. »

Nous sommes encore de cet avis aujourd'hui. Mais pressés par les besoins et les exigences du commerce et de l'industrie, l'idée à grandi encore, s'il est possible; les programmes de l'enseignement dont M. Gréard a si bien indiqué le but et la portée lorsque, dans son Rapport sur l'enseignement primaire à Paris, publié en 1877, il parle de l'école Turgot, se sont élargis tout en se spécialisant, et nos écoles supérieures à peine ouvertes aux adultes des deux sexes se sont rapidement remplies, dérobant sans doute pour quelques années les enfants à l'atelier et au comptoir, mais pour les leur rendre bientôt, mieux outillés pour la grande lutte industrielle et plus aptes à en comprendre toutes les difficultés.

Qui de nous s'en plaindra? Ne sommes-nous pas tous des travailleurs qui connaissons, pour nous en servir journellement, le poids et la valeur de l'arme dont nos législateurs viennent de doter nos fils et nos filles?

Loi du 11 décembre 1880. — La seconde de ces lois relatives aux écoles manuelles et professionnelles d'apprentissage défendues par MM. Corbon, Tolain, Camille Pelletan, etc., grands noms qu'il ne faut point oublier quand il s'agit d'enseignement professionnel, fut votée le 11 décembre 1880, la première en date après la grande loi du 19 mai 1874 sur le travail des enfants mineurs dans l'industrie, à laquelle elle sert pour ainsi dire de complément naturel.

Longtemps avant 1880, l'opinion publique s'était vivement préoccupée de cette question, et quelques industriels hardis, des corporations d'ouvriers, des chambres syndicales, s'étaient mis résolument à l'œuvre (1). Il y avait péril du reste.

Dès 1862, en effet, lors de la première exposition internationale de Londres, les rapports des jurys, mettant en lumière les progrès accomplis par l'étranger, disaient : Si dans l'exécution des œuvres d'art et de goût, la France occupe encore la première place, ses rivaux se sont sensiblement rapprochés d'elle, et il est à craindre. si elle ne fait pas de nouveaux et prompts efforts, qu'elle ne soit dépassée dans un avenir prochain. »

La loi précitée ou l'école manuelle, c'est-à-dire l'atelier dans l'école, et l'école professionnelle ou l'école dans l'atelier qui s'inspire des constatations précédentes, constitue pour nous la véritable nouveauté de l'époque, le plus grand progrès réalisé, le plus utile puisqu'il s'adresse au plus grand nombre, et utilise les efforts de tous, l'État ne se réservant la faculté d'intervenir que comme conseil, surveillant et surtout comme bailleur de fonds.

Des programmes, l'école manuelle et professionnelle n'en a pas, et, à vrai dire, elle ne pouvait pas en avoir, tant les industries sont multiples et les besoins à satisfaire nombreux. — L'enseignement cependant ne va pas au hasard et toutes se sont ralliées à cette idée si naturelle : Développer l'intelligence par un enseignement général complémentaire de l'enseignement primaire ; former le goût et spécialiser la main par

---

(1) Rapport de M. Dumas, président de la commission supérieure du travail des enfants dans les manufactures, publié en 1878. Le nombre des écoles privées de fabrique créées depuis la mise à exécution de la loi qui s'élevait à 150 environ, au 1er janvier 1877, a été porté dans le cours de cette année à 237, fréquentées par 9,600 enfants des deux sexes.

Si on y ajoute 60 cours spéciaux institués par quelques grandes municipalités ou par la Société de Protection des enfants employés dans l'industrie et qui reçoivent environ 1,950 enfants, filles ou garçons, etc...

l'enseignement technique et des exercices progressifs et méthodiques comprenant l'explication et l'application raisonnée de toutes les difficultés du métier en vue duquel elles ont été fondées.

L'école manuelle et professionnelle produira-t-elle les résultats que nous en attendons, et assurera-t-elle à jamais la prospérité de la France et sa supériorité sur les autres nations dans les œuvres si diverses des arts et de l'industrie? nous pouvons l'espérer. L'enfant en effet, façonné dès l'école primaire au maniement de l'outil, éclairé sur ses goûts et ses aptitudes, en même temps que ses forces physiques auront été développées par les exercices manuels, pourra se prononcer en connaissance de cause et embrasser le métier vers lequel sa vocation le portera. Et, soit qu'il aille ensuite dans l'atelier, ou que se sentant mieux doué, il se dirige vers l'école professionnelle, il y apportera certainement la somme de connaissances et d'aptitudes qui lui seront nécessaires pour qu'il puisse, sans crainte de s'être trompé, se livrer au travail, devenir dans le présent un bon apprenti, et dans l'avenir, un ouvrier en parfait équilibre, instruit et habile, capable de concourir avantageusement au développement économique de la nation.

Loi du 21 décembre 1880. — La tâche, Mesdames et Messieurs, pourrait être regardée comme finie, l'œuvre en effet paraît complète. Un homme jeune, à l'esprit largement ouvert, aux idées grandes et libérales, soucieux de ramasser en un seul faisceau toutes les forces vives de la nation, M. Camille Sée, ne l'a pas cru, et de son initiative aux Chambres est née la loi du 21 décembre 1880, sur l'enseignement secondaire des jeunes filles.

Le passage suivant emprunté au rapport qu'il déposa nous fera mieux comprendre que tous les commentaires l'état de la question, et la grande portée sociale de la loi.

« En France, à l'heure qu'il est, la jeune fille qui n'a pas le bonheur d'être instruite chez ses parents n'a le choix qu'entre un pensionnat laïque où l'enseignement se meurt dans d'étroites limites, et le couvent où l'enseignement est pour ainsi dire nul.

Elle en sort l'esprit vide et le cœur faussé, incapable d'entendre celui qui va être son mari, incapable d'élever l'enfant qui va naître.

La mère lui parlera le langage de la superstition ; le père, celui de la raison. Et quand ces idées contradictoires jetées dans ce cerveau si malléable, si impressionnable, commenceront à germer, ne sachant pas qui de sa mère ou de son père il faut croire, l'enfant doutera. Vérité douloureuse, mais qu'il faut avoir le courage de reconnaître, et qui a sa raison dans ce fait que la femme, c'est-à-dire la moitié de la France, ne reçoit pas d'instruction. C'est là, quand on songe au rôle que la femme doit jouer dans la famille, à l'influence que nécessairement elle est appelée à exercer sur la destinée des peuples, un crime de lèse-nation. »

Voilà de belles et nobles paroles, Mesdames et Messieurs. C'est un sentiment patriotique surtout, et du patriotisme du meilleur aloi, qui les a guidées. Et si, pour conquérir cette harmonie du foyer, cette direction morale donnée à l'enfant, ces grandes communautés d'idées qui font seules les alliances durables et constituent puissamment la famille, il nous faut avoir des lycées de filles et par dessus le marché des bachelières, des licenciées, des doctoresses, des avocates, des ingénieuses, des femmes savantes à la manière de Molière ou autres, des pharmaciennes de l'École Purgon, voire même des femmes médecines, si le cœur en dit à quelques-unes de nos aimables lycéennes, nous pourrons, Messieurs, très facilement nous en consoler, car les femmes auront toujours trop d'esprit pour se dépouiller des qualités premières qui font leur force et leurs charmes, avec lesquelles elles font de nous des amis souvent, des adorateurs parfois, des hommes dévoués et respectueux toujours.

Tel est, Mesdames et Messieurs, l'ensemble des lois dont j'avais à vous parler. Si nous y ajoutions quelques mots sur les Associations libres d'enseignement, créées en faveur des adultes, auxquelles notre si chère Association polytechnique, la plus ancienne de toutes, a pour ainsi dire servi de type; si nous parlions comme elles le méritent des Sociétés de gymnastique et de tir destinées à parfaire l'éducation physique des enfants de 16 à 20 ans, au moment où les laissent livrés à eux-mêmes les écoles supérieures et professionnelles, et à développer chez eux les solides qualités du soldat, le système, comme vous le voyez, serait complet et embrasserait tous les âges. Il peut donner satisfaction à tous les besoins, permettre à tous les talents de se produire, assurer la défense de la frontière et digne enfin d'une démocratie qui a inscrit sur son drapeau le mot : Égalité.

Travaillons donc au complet développement de ces institutions, ayons confiance dans l'avenir, aimons la France Républicaine, car à l'ombre de son drapeau, nourri de ses doctrines toutes de fraternité, il s'élève une population forte, virile, comme il en faut à toute nation qui a conscience de la grandeur de son passé et qui est capable de tous les efforts, de tous les sacrifices, pour rester grande dans l'avenir.

IMPRIMERIE CENTRALE DES CHEMINS DE FER. — IMPRIMERIE CHAIX.
RUE BERGÈRE, 20, PARIS. — 13740-7.

www.ingramcontent.com/pod-product-compliance
Ingram Content Group UK Ltd.
Pitfield, Milton Keynes, MK11 3LW, UK
UKHW020456230726
13925UKWH00005B/1977

9 782014 080742